Instruments de Musique

Ce livre appartient à:

_____

Glorya Phillips

La guitare

Violon

Cymbalum

Accordéon

Piano

Orgue électronique

Tambours

Djembé

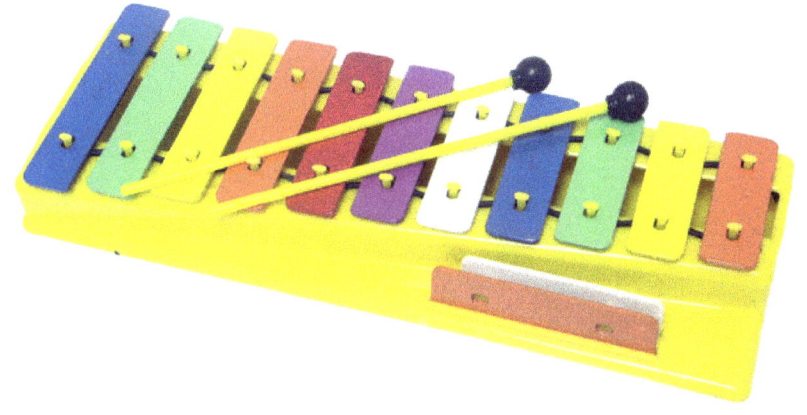

Xylophone

Tambourin

Triangle Musical

Maracas

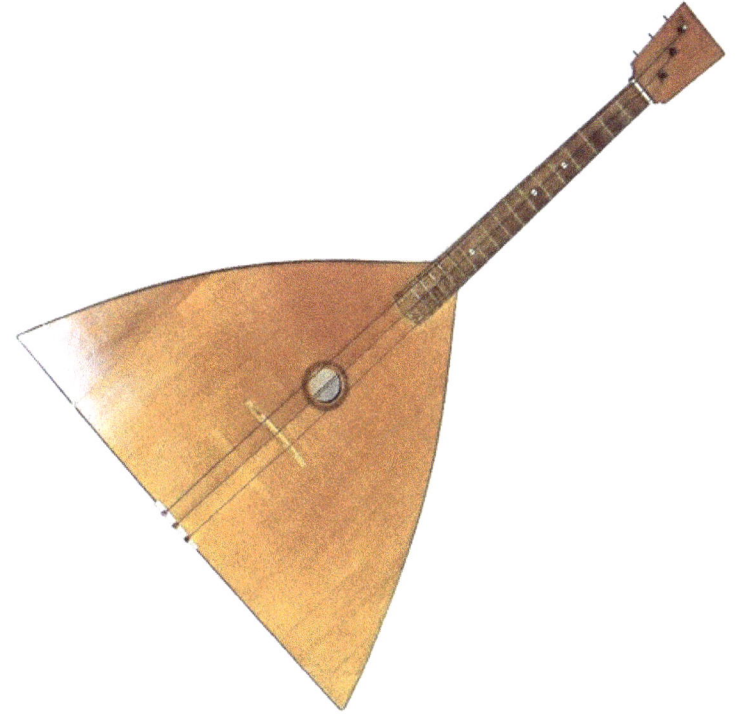

Mandoline

Saxophone

Trombone

Trompette

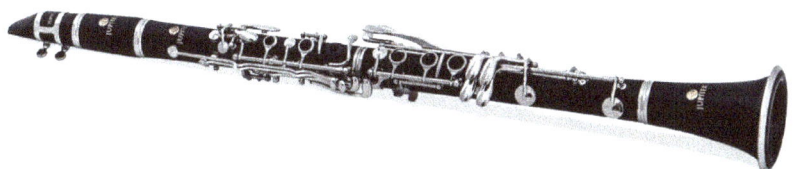

Clarinettes

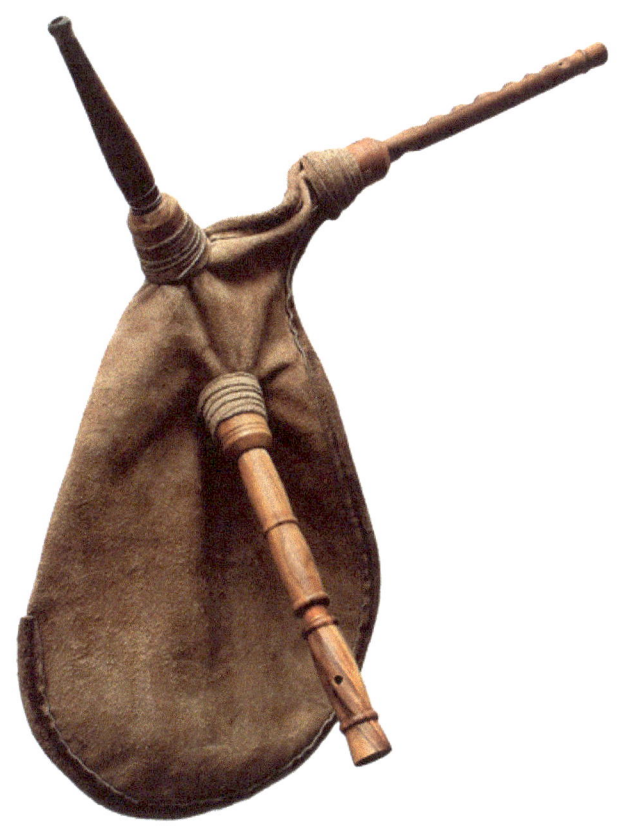

Cornemuse

Flûte

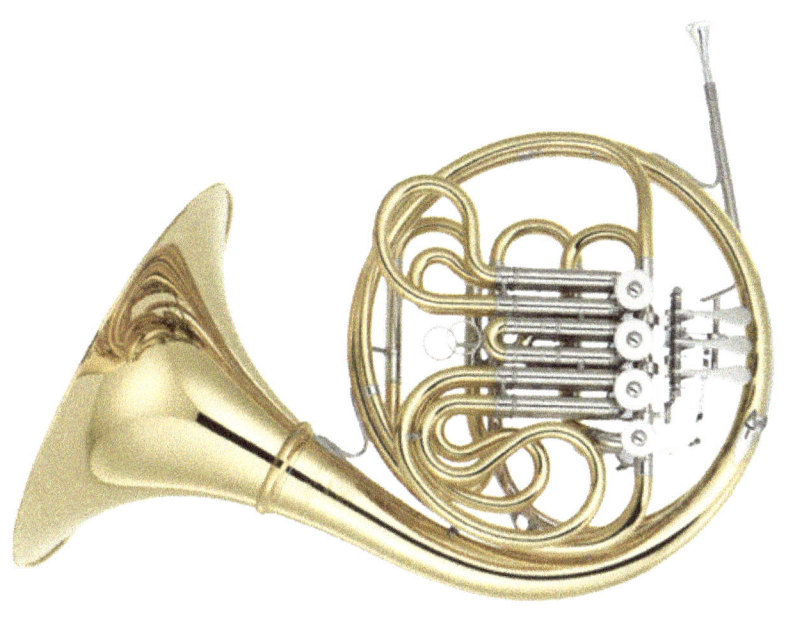

Cor Français

Tuba

Harpe

Violoncelle

**Merci de nous avoir choisi.
Nous espérons que vous avez apprécié
notre livre.**
Votre avis est important pour nous,
s'il vous plaît dites-nous comment vous avez aimé
notre livre à l'adresse :

 glorya.phillips@gmail.com

 www.facebook.com/glorya.phillips

  www.instagram.com/gloryaphillips

www.ingramcontent.com/pod-product-compliance
Lightning Source LLC
LaVergne TN
LVHW050138080526
838202LV00061B/6524